얼음수도원

얼음수도원

고진하 시집

민음의 시 100

민음사

自序

입 없는 침묵에도
빨간 혓바닥이 있음을 알겠다.
아마존 열대에서 남극 빙하까지,
북적대는 풍물시장에서
봉쇄수도원까지,
지상의 풀잎에서 카시오페이아 별까지,
붓다에서 예수까지,
의식의 광명에서 무의식의 심연까지,
소음에서 고요까지,
삶과 죽음을 변(邊)으로 삼아
시와 함께 걷는 오솔길이 있음도 알겠다.
돌아보니,
지나온 발자국마다
고마운 인연들이 아롱아롱거린다.

2001년 4월
치악산 기슭에서
고진하

차례

1

라일락 13

월식 14

바다는 발이 썩는 나를 연인으로 품어줄까 16

꽃뱀 화석 18

호수 20

범종소리 21

초록빛 우편함 24

홍련암에서 28

오래된 꽃담 아래 서면 29

신성한 숲 30

토지문학공원 1 31

토지문학공원 2 32

토지문학공원 3 33

토지문학공원 4 34

토지문학공원 5 35

얼음수도원 1 36

얼음수도원 2 38

2

숯의 미사 43

화목보일러 아궁이에 불을 지피다 44

새가 된 꽃, 박주가리 46

거울 속의 후박나무 48

중광의 십자가 50

낙타무릎의 사랑 1 51

낙타무릎의 사랑 2 52

어머니의 총기 54

연꽃과 십자가 55

이 사랑의 그믐에 56

구룡사 은행나무 57

아야진 58

등명락가사 부근 60

처방 61

소나무들을 추모함 1 62

소나무들을 추모함 2 63

거울 64

조르바 65

그리마를 보면 세월이 느껴진다 66

이렇게 깊습니다 68

3

새 보러 가자   73

대관령 수도원   74

나는 마음놓고 하모니카를 분다   76

희한한 조문   77

엘리야   78

낯익은 사진   80

목련   81

빙어   82

종소리   84

밥   85

예수   86

질경이   90

제   91

누렁이   92

자유에 대하여   93

하늘빛 고요   94

석류   96

장군죽비   97

새벽 여섯시에 켜는 촛불 1   98

새벽 여섯시에 켜는 촛불 2   100

뻐꾸기의 지문   102

그런 품   103

1

라일락

돋을볕에 기대어 뾰족뾰족 연둣빛 잎들을 토해 내는
너의 자태가 수줍어 보인다.

무수히 돋는 잎새마다 킁, 킁, 코를 대보다가
천 개의 눈과 천 개의 손을 가졌다는
천수관음보살을 떠올렸다.

하지만 세상의 어떤 지극한 보살이 있어
천 개의 눈과 손마다
향낭(香囊)을
움켜쥐고 나와
천지를 그윽하게 물들이는
너의 공양을 따를 수 있으랴.

월식

뭉쳐진 진흙덩어리, 오늘 네가
물방울 맺힌 욕실 거울 속에서 본 것이다.
십수년 전의 환한 달덩이 같은 얼굴이 아니다.

푸석푸석 부서져 내리는
진흙 가면(假面). 그걸 볼 수 있는 눈을
지니고 있다는 것이 퍽 대견스럽다.
하지만, 여름 나무가 푸른 잎사귀에 둘러싸여 있듯
그걸 미리 벗어버릴 수 없는 것은
너의 한계,
너의 슬픔.

오래전, 너의 출생과 함께 시작된
개기 월식은 지금도 진행중.
드물지만 현명한 이는 그래서 매일 죽는다.
그리고 안다. 죽어야
어둠 속에서 연인(戀人)의 달콤한 입술이 열린다는 것을.

욕실 거울에 비친 한 그루 장례목(葬禮木).
이름과 형상이야 어떻든, 너는

너를 사랑하지 않을 수 없다. 그 나무 아래서
너는 질척이는 욕망과 소음의 때를 밀고
고요한 쉼을 얻는다.

달 없는 밤.

바다는 발이 썩는 나를 연인으로 품어줄까

1

포도나무 가지를 휘어 땅에 묻듯이
둥글게 무릎을 꺾고
두 발을 해변 모래 속에 휘묻이한다.
모래뜸,
후끈거리는 모래의 기운이 발바닥부터 올라와
온몸에 스며든다, 스며들며
열병처럼 뜨거운 너의 속삭임:
　「우리는 둘이 아니라네.
　파도와 바다가 그렇듯이!」

2

모래톱에 흩어진
온갖 꽃주름 새겨진 조개껍질들.
피서객들이 버리고 간
쓰레기무덤들 사이로,
실개천을 이루어 횟집에서 흘러나오는

폐수도 끼어들며
「우리도 그렇다네」라고 속삭일 때,
문득 내 발이 썩기 시작하는 느낌.
그래도
바다는 발이 썩는 나를 연인으로 품어줄까.

3

변덕스런 탕아처럼
천변만화하는 하늘빛을 품고도
수평선은 말이 없다.
수평의 침묵 속으로 슬그머니 날 밀어 넣는다.
속 깊은 어미, 저 너그러움을
어찌 시샘하리.
혼돈을 섬기는 저 지극함을
어찌 찬탄하지 않으리.

오, 혼돈의 삶을 섬겨 바다가 될 수 있다면!

꽃뱀 화석

아침마다 산을 오르내리는 나의
산책은,
산이라는 책을 읽는 일이다.
손과 발과 가슴이 흥건히 땀으로 젖고
높은 머리에 이슬과 안개와 구름의 관(冠)을 쓰는
색다른 독서 경험이다.
그런데, 오늘, 숲으로 막 꺾어들기 직전
구불구불한 길 위에
꽃무늬 살가죽이 툭, 터진
꽃뱀 한 마리 길게 늘어붙어 있다.
(오늘은 꽃뱀부터 읽어야겠군!)
쫙 깔린 등과 꼬리에는
타이어 문양,
불꽃 같은 혓바닥이 쬐끔 밀려나와 있는 머리는
해 뜨는 동쪽을 베고 누워 있다.
뭘 보려는 것일까,
차마 다 감지 못한 까만 실눈을 보여주고 있는
꽃뱀.
온몸을 땅에 찰싹 붙이고
구불텅구불텅 기어다녀
대지의 비밀을

누구보다도 잘 알 거라고 믿어
아프리카 어느 종족은 신(神)으로 숭배했단다.
눈먼
사나운 문명의 바퀴들이 으깨어버린
사신(蛇神),
사신이여,
이제 그대가 갈 곳은
그대의 어미 대지밖에 없겠다.
대지의 속삭임을 미리 엿들어
숲속 어디 은밀한 데 알을 까놓았으면
여한도 없겠다.
돌아오는 길에 보니,
부서진 사체는 화석처럼 굳어지며
풀풀 먼지를 피워 올리고 있다.
산책, 오늘 내가 읽은
산이라는 책 한 페이지가 찢어져
소지(燒紙)로 화한 셈이다.
햇살에 인화되어 피어오르는
소지 속으로,
뱀눈나비 한 마리 나풀나풀 날아간다.

호수

오래된 호수가 있다.
거대한 반지, 하늘이 하사한 반지를 끼고 싶어
호수와 팔짱 낀 연인들이 있다.
갈대를 꺾어 옛 사랑의 추억을 닿는 이들도 있고
편자 박은 말들의 겅중겅중 뛰는 노역도 있다.
말들이 끄는 수레를 따라가는
현란한 상혼(商魂)과 네온사인의 번쩍임도 있다.

그런데 오늘,
그 호수엔 아무도 없다.
녹 낀 거울처럼 해와 달과 별들이 사라졌다.
물거울에 서로를 비춰보며 짝짓던
새들도 다시 날아오지 않는다.
진또베기, 나무로 깎은 새들만 두둥실 떠 있다.
누가 그곳을 영소(靈沼)라 불렀던가.

술 따를 이 없는 쓸쓸한 경포(鏡浦), 나는
나에게 말한다, 돌아와 다오.
연인이여!

범종소리

새벽, 범종소리에 잠이 깼다.
어둠의 귀가 열려 그 소릴 깊게 빨아들인다. 문득
별빛을 덮고 잠들었던 내 안의 애욕과 권태,
온갖 허망과 환상들이
쇠와 나무가 마주쳐 내는 소리에 깜짝깜짝 살아나다
산산이 부서진다.

곧 미명이 밝아오리라.
움켜쥔 주먹을 풀고 닫힌 가슴을 활짝 열어
사랑해야 할 시간이다. 침묵이
깊어져 안팎 없이 단단해진 둥근 쇳덩이가
드물게 입을 뗀다. 젊은 날
비틀대며 탕진한 생(生)을 기억하지 않겠다.

두렵고 고마운 일이다.
 자족(自足)하는 존재들은 제 집에 너그러운 어머니를 모시고
 있음을 나는 느낀다. 하지만 아직은 불효를 더 저지르고 싶겠지.
 세상과 짝해 양다리 걸치고 사는
 재미도 만만치 않으니까.

속이 빈 데서 울려나오는 저 소리엔 새 잎들이
피어날 것만 같다, 오죽(烏竹)의 눈부신 잎새처럼.
내가 모시지 못한 시(詩)의 어머니를 모신 존재들을 보며
나는 때때로 시샘을 금치 못한다.
이 괴로움의 언어를 벗어버릴 날이 있으리라.

헌데, 오늘 그대가 불러주는 이 말들은 무엇인가.
그 동안 나는 하늘의 말을 담아내는
맑은 영소(靈沼)가 되기를 바랐다. 해와 달과 별들, 새들,
푸른 갈대들이 내 안의 물거울 위에 썼다가 지워버린
경이(驚異)의 글자들. 나는 그걸 읽지 않고 몽매한 어
둠처럼
　그냥 삼켰다.

　타종(打鐘) 뒤의 잔잔한 여운
그것이 한 순간 내 속을 다 훑고 지나간 뒤에 떠오르는
저 찬란한 여명과 고요는, 소음이
사라졌기 때문이 아니라 내가 죽었기 때문이다.
기쁘다. 내가
읽을 새 경전(經典)은 바로 나다.

오늘은, 초록빛 우편함 곁에서 또 한 소식
기다려도 되겠다!

초록빛 우편함

항상 그득하다.
메뉴는 많으나 딱히 고를 게 없는
식당 같다.
주인은 미식가(美食家), 그는
가슴 뛰는 삶을 원하고 또 원한다.

연인(戀人)이여,
그대의 뜀뛰는 심장살을 베어 보내다오.

*

탈탈거리는 오토바이를 타고 오는 우체부만 보면
개는 죽어라고 짖어댄다.

기쁨의 소식[福音]은 항상 낯설기 때문일까?

*

연서(戀書)는커녕
흔해빠진 광고지 한 장 배달되지 않던 날,

하늘을 날던 제비가
내 몸에 하얀 물찌똥을 갈기고 갔다.
대체 무슨 신호일까.

*

주인이 달가워하지 않는 소식도 있다.
죽은 자들의 부고(訃告)다.

차라리,
화목보일러 아궁이에 불이라도 지피도록
마른 낙엽을 포장해 보내달라.

*

배달한 이는 없는데
잎맥만 앙상한 나뭇잎이 배달되어 있을 때가 있다.
바람이 한 짓이겠지.

그걸 꺼내어 손에 들고 있으면

얼마 전 어느 자선 단체에서 보낸,
뼈만 앙상한 아프리카 어린이의 나신(裸身)이
어른거린다.

비쩍 말라 떨어지기 직전의,
성스런 우주목(宇宙木)의 병든 잎새들을 보며
나는 양심의 가책으로 괴로워한다, 아주 잠깐!

*

뜯겨지지도 않고 소각장으로 직행하는
봉함물(封緘物)도 있다.
눈알도 없는 불꽃이 봉함을 열어
구구절절한 사연을 읽는 셈이다.

읽는다고 뭘 알기나 알겠는가.

눈물도 한숨도 재가 되고
바람도 바람결에 날릴 뿐.

*

어느 날,
보기 드문 결혼 청첩이 날아왔다.
무조건 반가웠다.

일시: 2000년 4월 5일
장소: 설악산 비선대 숲

무려 스물다섯 해를 열애(熱愛)한
신랑 만주고로쇠나무 군과
신부 신갈나무 양의
성대한 결혼식이 있사오니,
공사다망하시더라도
부디 참석하시어 축하해 주시기 바랍니다.
(※축의금은 반드시 지참 요망!)

청첩인: 설악산 ××사 주지 합장

홍련암에서

바다가 번쩍 들어올린 홍련암,
바다는 왜 하필 절을 그 벼랑 위로 들어올렸을까.
절 받으러 절을 들어올렸을까.

넙죽넙죽 절을 하다가 파랑새를 보았다는
보살(菩薩)도 있다는데,
벼랑 아래 파랑파도가 푸드득 깃을 달고 올라와
팔작지붕에 앉았던 것은 아닐까.

아무렴 어때.
아무렴 어때.

넌 절 받으면 되고, 난 절하면 되지.

오래된 꽃담 아래 서면
── 낙산사에서

오래된 꽃담 아래 서면
오래 그 아래 머물고 싶어진다.
안에 그윽한 향(香)을 지닌 것들은
푸른 덩굴손을 뻗어 손쉽게
월(越)담을 하지만,
안의 보물을 다 훔쳐내지 못한 나는
아직 이 울타리 안에
머물러 있어야 한다.

큰 도둑을 기르는 사원(寺院)의
오래된 꽃담 아래 서면, 어쩔 수 없다.
나 역시
큰 도둑이고 싶은 것을.

신성한 숲

저녁놀을 공양 받고 있는 너에게로
나는 천천히 걸어 들어갔지.
엄마 젖을 빠는 아이처럼 너는
전신(全身)의 빨대로 완숙된 포도주를 빨기에
여념이 없었지.
다복솔과 아카시아, 철쭉과
자작나무, 시끄러운 지저귐을 멈춘 채
한껏 몸을 낮추는 새들, 그들
틈에 나도 끼여 그 극진한 공양을 받으며
발그레 취기(醉氣)에 젖어들었지.
잠시 후 보랏빛 어둠이 내리자, 너와 내가
받아먹은 놀과 어둠이
비빔밥처럼 안에서 비벼져
이름 지을 수 없는, 그윽한 뭔가가 되었지.
이걸 뭐라고 불러야 하나?
(시인은 이름 짓는 자가 아니던가?)
위대한 밤의 동공(瞳孔)인 부엉이와 별들의
반짝이는 눈동자 속에나
혹 새겨졌을지 모를 그 이름을.

토지문학공원 1

해질녘 토지문학공원에 가서
돌담 가에 우뚝 선 수수꽃다리를 보았습니다.
가을을 마중하는 잎새들은
가장자리부터 안으로 발그레 물들고 있었습니다.
깊이 여물지 못하고
늙어만 간다는 생각이 불쑥 떠오른 것은
수수꽃다리를 등지고
평사리 마당으로 발걸음을 뗄 때입니다.
손바닥만한 마당에도
홍이동산을 적신 까치놀이 내려와 놀고 있었습니다.
모형 속에도 아름다움은 깃듭니다.
아무리 그래도
무슨 모형처럼은 되고 싶지 않지만
까치놀조차 마당에 붙잡아 둘 깜냥이 못 됩니다.
깊이 여물어가는 일이
한무릎공부로 간단히 되는 일이 아니겠지요.
어둑어둑 공원을 덮는 저 어둠도
누군가에겐 소중하기 짝이 없는 꿈의 재료입니다.

토지문학공원 2

홍이동산 뒤쪽엔
삿갓 모양의 소나무 한 그루 서 있다.
석양에 비낀 그늘도 삿갓 모양이다.

이식(移植)된 지 얼마 안 된 듯
착근을 위한 안간힘이 보이는 듯하다.

노랗게 쌓인 솔잎,
뿌리가 느끼는 빈혈은 이 도시에선 흔한 일이다.

아직 어디에 착근하지 못하고 떠도는 자로서
감히 말하건대,
사랑은 빈혈을 감수한다.

뜸베질하는 황소처럼 서둘러 달려와
홍이동산을 울타리 치기 시작하는
어스름만이 이녘의 위안이다.

토지문학공원 3

문학은 죽고 공원만 남은 빈집,
멀리서 보니 타래구름이 빈집 위를 떠돈다.
더러 휘파람새들
잎새 무성한 칠엽수 그림자 드리운
창가에 와 머무는 듯, 이 세상 소리는 아닌 듯,
호르르륵 호르르륵 호르……
하지만 알뜰살뜰한 주인 잃은 빈집,
무슨 화답이 있어
노래하랴 노래가 있어 노래하지.
기어코 타래구름은 소나기로 변하고
처마 끝에서 나는 비 그치기를 기다린다.
풀옹노* 같은 무서운 세상이지만
행운의 여신은
하늘에 칠보빛 무지개를 수놓는다.
그새 어느 나뭇잎 갈피에 숨었니.
노래하라, 휘파람새여!
네 노래의 풀옹노에 날 사로잡아다오.
네 사랑의 풀옹노에 날 사로잡아다오.

* 토끼 따위를 잡기 위해 칡덩굴 등으로 만든 덫.

토지문학공원 4

알몸의 귀향이다.
해란강, 바짝 말라붙은 해란강
옆의 용두레 우물 곁에
털썩 주저앉아 나는
당단풍나무, 그 알몸의 귀향을 바라본다
내 시신경에 와 닿는
열정의 여운이 남은 저 아름다운 빛깔은
무상성(無償性)에서 오는 것이리.
하지만 인간의 모듬살이를 적시며 흐르던
무상성의 강은 바짝 말라붙었다.
그 강가에 앉아 소리 높여 부르던
노래도 말라붙었다.
더러 팔짱 낀 연인들의 속삭임이
마른 잎사귀들처럼 버석거리지만
사랑의 내안(內岸)에 배를 정박시킬 수 있을까.
그 내안에 이르는 뱃길을 누가 알기나 할까.
어둑어둑 짙은 어둠이 깔리기 시작하는
늦가을의 공원,
해란강 위로 떠오르는 개밥바라기 아니었으면
집으로 돌아가는 길도 찾지 못했으리.

토지문학공원 5

인공 강우는 언제 멎었을까.
바짝 말라붙은 섬진강,
움푹움푹 패인 몇 개의 웅덩이에
고인 물이 썩고 있다.
바위도 자갈들도 썩는지 거무튀튀하다.
이름뿐인 강, 그렇지만
이름 그대로 나그네인 나는
정처 없는 이 발길을 멈추지 못한다.
해꽃 피고 지고 버들잎 지고 피는
정처 없는 이 흐름을
난 무어라고 명명할지 모르겠다.
내 안의 스승은 여명(黎明)의 지식으로
날 가르치셨다.
손으로 움켜쥔 것은 모두 썩는다.
이름뿐인 강, 그렇지만
고여 썩은 물은 환한 거울이다.
거울에 비친 것은 모두 썩는다.
스승이시다.
그걸로 충분하다.

얼음수도원 1

피정(避靜) 일기

지난밤 꿈에
남극에 있는 한 수도원을 보았다.

얼음벽돌로 세워진
얼음수도원.
흰곰의 가죽을 머리끝까지 뒤집어쓴
수도사들은,
얼음십자가상과
얼음성모상 앞에서
성체 조배를 바치고
찬미가를 불렀다.

하얀 콧김과
하얀 입김이 날리며
수도사들의
긴 머리칼과
눈썹과
수염에
고드름이 맺히게 했다.

저녁미사 시간,
수도사들이 바치는
비나리의 뜨거운 숨결이
피어오르더니,
순식간에 얼음집을 다 녹였다.
얼음수도원은
온데간데없이 사라지고
수도사들도 사라졌다.

잠을 깨고 난 뒤, 온종일
사라져버린 얼음수도원을 묵상했다.

무념무상의 설원(雪原)에 들 수 있었다.

얼음수도원 2

피정 일기

두꺼운 방한복을 뒤집어쓰고
스키를 질질 끌며 그곳에 가도
내가 머물 영혼의 의자는 없겠다.

잔디 한 뿌리 자랄 수 없는 빙원이니
내 죄의식과 불안을 자라나게 할
고해소도 없겠다.

고해소가 있다 한들
그곳을 찾아가다가
입이 얼어붙어 죄를 고백할 수도 없겠다.

무슨 경전이라곤 씌어진 적이 없는 곳,
죄도 은총도 서식할 수 없는 곳,
신의 지문(指紋)이라면
얼음계곡에 묻힌 오랜 물고기의 뼈다귀들뿐이겠다.

광막한 얼음황무지, 지옥의
국기를 꽂기 위해 찾아오는 탐험가들만
잠시 머물다 떠날 뿐이다.

오늘도 난 스키를 지치며 그곳에 다녀왔다.
없는 영혼의 의자를 그곳에 마련해 두고 왔다.
상징이다.

2

숯의 미사

화목보일러 아궁이 속의 불탄 잔해,
제 몸에서 피어오르는 연기에 질식되어
밀봉된 항아리 속에서 숯이 되었다

톱과
도끼와
모탕과
함께 피흘리던 기억을 단번에 사르고

미래의 불꽃만 간직한 채 숯으로 변한
순교자!

재로 가는 성급한 소멸이 아니라
타자를 위해 검은 우회로를 밟도록 선택된
그댈 위해

나는 한 개비 인화물(引火物)이 되고 싶다
이글이글 그대가 피워 올릴 최후의 황홀한 미사를 위해.

화목보일러 아궁이에 불을 지피다

저물녘, 괄게 타오르는 화목보일러 아궁이 속을 들여다보고 있으면
허깨비 장난 같은 세간사 말끔히 잊혀진다
그러다 문득, 그 세간의 사이사이로 움직이는 허깨비들 춤추는 게 다시 보이고

결코 보고 싶어하지 않는데도
확, 세상을 불지르고 싶은 내 안의 방화범 네로가 보이고
서울 어느 주택가에 불지른 연쇄방화범도 보인다
이보다 후련한 혁명이 또 있을까,
중얼대며
고요한 불의 중심의 고요 속으로 뛰어드는
참 뻔뻔한 내 안의 〈뻔데기〉도 보인다

싸리나무
아카시아나무
오동나무
자작나무
불땀 좋은 나무들이 따닥, 따닥 소리내며 튀는
작은 아궁이 속 불꽃놀이를 보고 있으면

혁명전야의 뜀뛰는 가슴들도 보이지만

〈저〉는 쏙 빼놓고 불지르는 방화, 저 허구가 먼저 보이고
말이 좋아 성직(聖職), 잔뜩 썩은 제 속에 불질러
폭염 속 아궁이 속 같은
친구의 일그러진 얼굴이 어른거릴 때

나는 화목보일러 아궁이 속에
세간에서 얻은 화목과 불화, 몇 개비 더 집어넣고 돌아
선다
화끈거리며 흘러내리는 이마의 불땀을 훔치며……

새가 된 꽃, 박주가리

어떤 이가
새가 된 꽃이라며,
새가 아닌 박주가리 꽃씨를 가져다주었다
귀한 선물이라 두 손으로 받아
계란 껍질보다 두꺼운 껍질을 조심히 열어젖혔다
놀라웠다
나도 몰래 눈이 휘둥그레졌다
새가 아닌 박주가리 꽃의
새가 되고 싶은 꿈이 고이 포개어져 있었다
그건 문자 그대로, 꿈이었다
바람이 휙 불면 날아가 버릴 꿈의 씨앗이
깃털의 가벼움에 싸여 있었다
하지만 꿈이 아닌,
꿈의 씨앗도 아닌 박주가리의 생(生),
어떤 생이 저보다 가벼울 수 있을까
어느 별의
토기에 새겨진 환한 빛살무늬의 빛살이
저보다 환할 수 있을까
몇 며칠 나는
그 날개 달린 씨앗을 품에 넣고 다니며

어루고 또 어루어 보지만
그 가볍고
환한 빛살에 눈이 부셔, 안으로
안으로 자꾸 무너지고 있었다

거울 속의 후박나무

뜰이 있는 사택 바깥벽에
거울이 하나 걸려 있었다
어느 날,
드르륵 문을 열고 나가는데,
쬐그만 박새 두 마리가
거울에 매달리려 애쓰며 주둥이로
거울을 쪼고 있었다
별일도 다 있군!
문에 찰싹 몸을 붙이고
새들의 신기한 거동을 지켜보는데,
거울을 쪼던 새들이
인기척을 느꼈던지
포르릉
날아올라 뜰 밖으로 사라졌다
얼른 다가가
거울 속을 들여다보니
거울 속엔
뜰에 선 후박나무가 비치었다
둥글넓적한 잎새들이며 나뭇가지들이
선명하게 비치었다

(저런, 어리석은 것들!
거울 속의 쌩쌩한 저 헛것에 속았군.)
하지만, 쬐그만 새들아
아무리 거울 속의 헛것이라지만
나무에,
후박나무에 깃들여
둥지 틀려 한 예쁜 새들아!

중광(重光)의 십자가

백담사 주지스님이 선물이라며 놓고 간
중광의 그림.
그 흔한 달마도도 아니고
꿈틀꿈틀 배암이 기어가듯
먹물로 그어놓은
장난기 어린
(천진하기 짝이 없는 그의 얼굴이
눈에 선하다)
십자가 형상.
그 위에 또 쏟아놓은
찬란한 아침놀 같은 두 줄기
핏물.

(피는 물보다 진하다더니……)

그걸 보며
그 아침놀 같은 핏물에 젖으며
아픔보다는
이상한 희열이
내 가슴 언저리게 화끈거렸다.

낙타무릎의 사랑 1
피정 일기

수도원보다 오래된 늙은 측백나무,
한쪽 허파를 떼낸 사람처럼 서 있다.

한쪽 가지는 고사목이 되고,
다른 한쪽 가지에만 푸른 잎들이 휘휘 늘어져 있다.

턱턱 숨막히는 저쪽 세상,
망가진 허파로 고통스레 헐떡이는
저어쪽을 위해

스스로를 울안에 봉쇄한 채
아침저녁,
낙타무릎 되도록 엎드려
고요하고 뜨거운 숨 바치는 수도자들.

나는 보았다,
오늘도 청정(淸淨)한 우주생명 위해
낙타무릎으로 걷는 싱싱한 허파!

낙타무릎의 사랑 2

피정 일기

닳고닳아 낙타무릎이 되었다.
봉쇄수도원의 수도사들,
이젠 허파를 들썩이며 숨쉬지 않고

무릎으로 숨, 쉰, 다.

성체 조배 시간, 핏빛 성체를 향해 몸과
혼을 고정시키는 힘,
속으로 울부짖어도 아무런 응답 없는
저 신(神)의 침묵을
견디는 힘은 대체 어디서 나올까.
숨쉬는 무릎에서 나올까.

봉쇄된 울타리를 무릎으로
기어 넘을 순 없지만,
마루짱에 닿은 무릎에서 나오는 고요한 숨결은
유월의 붉은 줄장미 넝쿨처럼
훌쩍, 울타리를 넘는다.

닳고닳은 무릎은 힘이 세다.

우주의 모든 경계가 허물어지고 마루짱이
움푹 패였다.
기도는 힘이 세다.

어머니의 총기

영혼의 머리카락까지 하얗게 센 듯싶은
팔순의 어머니는

뜰의 잡풀을 뽑으시다가
마루의 먼지를 훔치시다가
손주와 함께 찬밥을 물에 말아 잡수시다가
먼산을 넋놓고 바라보시다가

무슨 노여움도 없이
고만 죽어야지, 죽어야지
습관처럼 말씀하시는 것을 듣는 것이
이젠 섭섭지 않다

치매에 걸린 세상은
죽음도 붕괴도 잊고 멈추지 못하는 기관차처럼
죽음의 속도로
어디론가 미친 듯이 달려가는데

마른풀처럼 시들며 기어이 돌아갈 때를 기억하시는
팔순 어머니의 총기(聰氣)!

연꽃과 십자가
—— 법정 스님 : 김수환 추기경

벽이 허물어지는 아름다운 어울림을 보네.
저마다 가는 길이 다른
맨머리 스님과
십자성호를 긋는 신부님,
나란히 나란히 앉아 진리의 법을 나누는
아름다운 어울림을 보네.
늦은 깨달음이라도 깨달음은 아름답네.
자기보다 크고 둥근 원(圓)에
눈동자를 밀어 넣고 보면
연꽃은 눈흘김을 모른다는 것,
십자가는 헐뜯음을 모른다는 것,
연꽃보다 십자가보다 크신 분 앞에서는
연꽃과 십자가는 둘이 아니라는 것,
하나도 아니지만 둘도 아니라는 것.
늦은 깨달음이라도 깨달음은 귀하다네.
늦은 어울림이라도 어울림은 향기롭네.
이쪽에서 〈야호!〉 소리치면
저쪽에서 〈야호!〉 화답하는 산울림처럼
이 산 저 산에 두루 메아리쳐 나아가면 좋겠네.

이 사랑의 그믐에

포도원집 아들답게 너는
저녁놀을 보고 붉은 포도주빛 같다고 했다.
마시지 않아도 얼굴이 벌겋게 달아오르고
접신(接神)한 사람처럼
네 눈동자는 딴세상을 보고 있다.

밤이 이슥해지면,
상상의 별들이 높이 뜨는 다락방에서
너는 창문을 열고
이쪽에서 저어쪽 산기슭까지 넘나든다.

새벽까지 그렇게 깨어 있는 네 소원은 단 하나,
털갈이하는 짐승은 아니지만
갈아입은 새 옷이, 빛나는 현재(現在)이길 원한다.

이 사랑의 그믐에, 사랑의 술에 취해……

구룡사 은행나무

올망졸망한 흥부네 새끼들처럼
무수한 잔가지들을 하늘 가득 거느리고 있었다

그 잔가지들을 다 품을 수 없어 나는
한아름도 넘는 나무 밑동을 힘껏 끌어안았다

그렇게, 사랑은, 그렇게 하는 거라고
어린 은행잎에 듣는 빗방울이 속삭여주었다.

아야진

바람에 기우뚱대는 부두 뒤편,
방파제를 끼고 가다가 역시 등대 뒤편 아스라이 보이는
슬라브 이층집 남자가 업고 나온
아기, 해맑은 눈동자만 사람 구실을 하는
아기, 아야진의 보물이네.

달포 전
아야진을 다녀와 여태 지워지지 않는
아기의 유난히 큰 눈동자,
잔뜩 흐려진 내 눈을 뚫어지게 바라보던
첫 새벽 우주의 빛.

그날 그 환한 빛살에 감싸이며 나는 보았네.

바다가 흐려진 강물을 받아들이듯
 철부지 철부지 인간이라는 철부지를 여직 내치지 않고
용납하는
 너그러운 우주,
 품.

부두 뒤편 등대 뒤편으로 조용히 사라진 아기를 업은
그집 남자의 실루엣과 함께.

등명락가사 부근

길가에 나와 앉은 구불구불한 곰솔들, 길 가는 사람을 붙든다. 아니, 그날 실상 나를 붙든 건, 간신히 내 눈길이 닿는 곰솔 삭정이에 거꾸로 매달려 있던 딱따구리. 놈은 인기척에도 아랑곳없이 뾰족한 부리로 삭정이에 구멍을 뚫느라 여념이 없었다.

한적한 숲속, 고요를 쪼아 고요를 깨뜨리는, (아니, 이렇게 말할 수도 있겠다!) 깊은 절의 산승이 운판(雲版)을 두드릴 때 운판 속 구름이 변주해 내는 소리처럼, 세상 소음을 쪼아 소음을 잠재우고 고요를 완성하는 딱따구리……

그날, 딱따구리를 한 팔로 껴안고 길가에 나와 앉아 내 삶을 간섭하던 곰솔의 살결이, 산승(山僧)의 이마처럼 붉었다.

처방

초당동 허난설헌 생가(生家) 옆 낙락장송 숲
햇살 덮인 금싸라기 솔잎 위에 포개지며 나자빠진 사랑이 있어
초롱한 눈매 쭉쭉 뻗은 아득한 붉은 나무우듬지에 닿는다

처방은
우듬지와 우듬지 사이의 하늘 깊은 구멍
드문 별자리 찾듯 눈맞는 구멍
애인 삼는 일이라고!

소나무들을 추모함 1

화마(火魔)가 휩쓸고 간 솔밭,
재의 바람이 부는
낮은 산등성이들도
골짜기와 골짜기 사이로 난
재의 오솔길들도
숯검댕이로 한 몸이다

백 년이 넘었을 낙락장송,
무덤가의 도래솔,
키 작은 애기솔들도
숯검댕이로 한 몸이다

재의 침묵을 깨뜨리는
기계톱 소리도
잘린 토막들을 옮겨 쌓는
벌목꾼들도
숯검댕이로 한 몸이다.

불탄 솔밭,
재의 공동묘지를 비추는 정오의 태양도
검다!

소나무들을 추모함 2

제 키만큼 속으로 깊은 토굴을 파고 절대침묵 속에 용맹정진하던
푸른 수도승들의 다비식이 끝났다.

그 부재(不在)의 잿더미 우으로 흰나비 한 마리 나풀나풀 날아간다.

어쩌면 솔향 그윽한 사리를 찾으러 나섰는지도 모르겠다.

거울

배우 앤서니 퀸이 주연한 흑백영화 「희랍인 조르바」에서
엉성하게 설치한 철제 케이블이 산산이 부서진 뒤,
늙은 악동 조르바가 숯불에 통구이한 양고기를 물어뜯으며
〈광기(狂氣)가 없는 사람은 절대 자유를 누릴 수 없지!〉
라고 이죽거릴 때
도둑놈 제 발 저리다고 난 가슴이 뜨끔했지.

왜 뜨끔했을까, 자문자답해 보기도 전에
미친 듯 전화벨이 울려대고, 받으나마나한 전활 끊자마자
기다렸다는 듯
그녀는 또 바가지를 긁기 시작했지.
〈꿈 없이 사는 당신……이젠 지긋지긋해요!〉
낼모레가 오십인, 산(山)에 들어갈 나이가 다 된 내게
무슨 꿈을 요구하는 그녈 향해, 차라리 날
숯불에 올려놓고 통구이해 먹으라는 말은 차마 못했지만
딱 하나 결심했어, 이리저리 내질러놓은 질긴
연(緣)의 말뚝들 천천히 거두어들이기로. 그리고
평소에 안하던 기도도 했지, 어서 허락하소서, 주여,
저 산(山)에 드는 은총을!

조르바*

하얗게 들썩이는 바다와 어깨 걸고
만국기를 품에 안은 아픈 연인과 어깨 걸고
견딜 수 없이 슬픈 죽음과 어깨 걸고
어깨 걸고 모래와 바람과 햇살의
어깨에 어깨 걸고

춤을 추었지. 춤은
너의 신앙,
너의 독신(瀆神),
그리고 생의 탕진이라고는 모르는, 성스런

외도(外道)!

---

* 카잔차키스의 소설 「희랍인 조르바」에 나오는 주인공 이름.

그리마를 보면 세월이 느껴진다

그리마를 보면
왜 세월이 느껴질까.
나뭇결 무늬 장판 위나 빛바랜 장미꽃 무늬 벽
위를 뻘뻘 기어다니는
암황색 그리마를 보면, 그녀는 질겁을 하지만
왜 모래시계 속의 모래가
쉴새없이 쏟아져 내리는 소리가 들릴까.
절족류,
노예선 속의 노예들이
뱃바닥에서 한 동작으로 노를 젓듯이
그 많은 다리로 뻘뻘 기어가는 그리마를 보면,
시간의 노예들,
한계의 제왕들의 슬픔이
좀더 빠르고 좀더 많은 다리를
필요로 한다는 생각이 든다.
무섭게 질주하는 고무바퀴들은
수만 년 진화된 다리?
하지만 그 바퀴들을 굴리는 혼(魂)들은
퇴화를 거듭하고 있는 것은 아닐까?
오늘 아침에도

도연명(陶淵明)이 한가롭게 거문고를 타고 있는
옛 그림액자 뒤에서 기어 나와
전화기,
피아노,
오동나무 궤짝,
이철수의 판화 달력 위를 뻘뻘 기어다니다
질겁을 하는 그녀의 손길에 쫓겨,
몇 달간 쌓아놓은 신문철 위에 툭 떨어졌는데,
이런! 공항 귀빈실에서
달걀 페인트 세례를 받아 피칠갑을 하고 있는 듯한
전(前) 대통령 일그러진 얼굴에 뭉개졌다.
문득,
그녀의 눈망울도 벌겋게 충혈된다.
무상한 세월과 함께 뭉개진 그리마를 보며.

이렇게 깊습니다

게으른 내 산책은 욕망입니다
길가에 핀 늦가을 싸리나무 마른 이파리처럼
흔들리고픈 순한 욕망입니다
하얀 억새와 함께 나부끼며 낮은
산모롱이 돌아서면
문득 딴세상인 듯 펼쳐지는 연곡 바다, 그 푸르르
밀려드는 물굽이는
혼자 걷는 내 생의 도반(道伴)입니다
그 바다 곁에
무명씨들 잠들어 있는 해변의 묘지도 지나면
새로 닦인 길이
날마다 처녀인 푸른 바다를 가로지릅니다
더 가야 할지 말아야 할지 망설이는
그 바다 앞에서
나도 수줍은 처녀입니다
밀물 때처럼 밀려오는 안개에 떠밀리며
돌아서면
이윽고 내 순한 욕망은 접히고
맑고 깊은 시심(詩心)이 불러주는 고마운 말씀들을
영혼의 수첩에 적습니다

집에 돌아와 신발 끈을 풀어도 내
산책은 끝나지 않습니다
하루가 천년 같은 나의 하루는
이렇게 깊습니다.

3

새 보러 가자

내가 나에게 말했습니다
〈새 보러 가자!〉
내가 나에게 말했습니다
〈새 보러 가자!〉

요즈음 내가 나에게 자주 던지는 말 가운데
〈새 보러 가자!〉
는 말보다 맘에 드는 게 없습니다

 벌써 이 말이 내 입안에 맴돌면 근질근질 겨드랑이에 날개가 돋고 호수 위를 빙빙 날거나 물 속으로 자맥질하는 새들의 영상이 눈앞에 삼삼해집니다 그래서 오늘은 둥근 호수와 새들과 팔짱 끼길 좋아하는 그녀를 꼬일 작정입니다

 새 보러 가자!

대관령 수도원

그곳에 당도하려면
빽빽이 우거진 소나무 숲길을 더듬어야 한다
물론 서늘한 계류의 물소리를 거슬러가도 된다
그곳에는 수도사도 없고 염주 돌리는 손도 없다
최신식 화목보일러를 돌리기 위해 처마 끝에 쌓아놓은
장작과 도끼날을 받아 허리 잘록 패인
모탕이 경건에 이르는 고통을 웅변할 뿐이다
언젠가 그곳 관리인의 초대를 받아 간 적이 있다
나보다 몇십 배나 큰
고로쇠나무를 쳐다보며
고로쇠나무의 눈물 같은 수액을 받아먹던 날을 떠올리면
내 목숨이 그곳의 나무들과
구름과 바위와 물소리에 이어져 있음을
섬뜩하니 깨닫곤 한다 그곳에는
제 스스로 택한 가난이 있고 생명의 진액이 있다
누구나 그 진액을 받아먹고 취할 수 있는 것은 아니다
바로 아랫마을 어흘리에서 스멀스멀 피어오르는 실비단
안개에 휘감겨
하산하는 이가 대부분이다
그렇지만 그곳은 성산(聖山)이다 모탕과 고로쇠나무와

그곳을 휩싸는 실비단안개에 자기의 혼(魂)을 내맡길 수만 있다면
 그곳에 가다가 파릇파릇한 소나무 숲에서 실종될 용기를 가질 수만 있다면!

나는 마음놓고 하모니카를 분다

뚝, 뚝, 꺾어다 찐 옥수수마다 통통한 벌레들이
둥지를 틀고 살았던 흔적이
꺼뭇꺼뭇하다
나는 마음놓고 옥수수를 뜯어먹는다

벌레집에도
후후 입김을 불어넣으며……

나는 마음놓고 하모니카를 분다

희한한 조문

 까치들이 조문(弔問)을 다녀갔다고 너는 말했다 무슨 말인고 하니, 닭들이 둥우리에 낳은 알을 까치란 놈이 낳는 족족 물어가 화가 난 너는, 마침 둥우리로 들어가는 놈을 보고 몽둥이로 후려쳐 죽였다 머리가 으깨져 죽은 놈의 시신을 쓰레기더미에 아무렇게나 던져 버렸는데, 이튿날부터 이백 마리도 넘는 까치들이 찾아와 며칠을 깍깍거리며 울부짖더란다 별 희한한 일을 겪고 난 너는 까치들이 조문을 다녀갔다고 웃으며 말했지만, 그렇게 말하는 너의 눈동자엔 형언할 수 없는 두려움이 스며 있었다 이백 마리도 넘는 까치들이 떼로 몰려와 깍깍거리며 슬피 울부짖는 모습도……

엘리야

1

한밤의 로뎀나무에서 번쩍번쩍 빛이 난다.
사방이 칠흑인데, 어인 일일까.

예언이 빛을 뿜는 일은 매우 드물다.
어인 일일까.
별들이 내려와 보초를 서는 것일까.

그렇다면, 오늘을 오늘로서
살려 하는 내 피로를 대신해 너희가
벌(罰)을 받고 서 있구나.

2

아침저녁, 까마귀들이 물어다주는 것으로
질긴 목숨 이어가다 보니,
까마귀를 나에게 보내주시는
하느님이

검은 피부를 지니고 계실지도 모른다
는 생각이 절로 들었다.
검은 까마귀,
검은 신성(神性),
차츰 내가 이 검은빛과 친해지자
검은빛에 가려
미래가 보이지 않았다.
까마귀가 내 눈알을 빼간 것도 아닌데
미래가 보이지 않으니
예언할 일이 없었다. 잘 된 것일까.
잘 된 것일까.
한데, 내 생(生)을 저당 잡은 까마귀가
또 오긴 오려나.

낯익은 사진

그가 서 있는 등뒤로
구불구불 구부러진 길이 보인다.
구부러진 길 왼쪽으로는 둥그런 무덤들이
파릇파릇 부풀고 있다.

그가 서 있는 등뒤로
몇 개의 얕은 언덕들이 바람에 출렁이고
언덕 너머 가슴 뛰는 사내처럼
흰 띠 두른 바다는 어깨를 들썩, 들썩이고 있다.

등뒤에 무엇이 부풀고 있는지,
무슨 일이 파도치고 있는지 모를 리 없는
그는 짐짓,
우두커니 서서 앞만 바라보고 있다.

뭘 보고 있는 것일까.
구부러진 길 위로 가지들을 늘어뜨린 나무에서
아지랑이 아른대는 밭이랑 파도이랑에서
돋을새김하는 봄의 잎새와
씨앗들의 숨결이 붐비기 시작하는 풍경을
등지고 선 그는.

목련

때늦은 잔설 덮인 성(聖) 갈바리 의원.

오갈 데 없는 행려병자들을 품에 안은
석고 마리아상 뒤로 환한 꽃등(燈) 밝힌 목련.

그대 아니었으면 천지는 흑암이리!

빙어

그 어느 날 강가에서
속없는 은빛 날고기를 먹었었지.
속이 환한 널 처음 보며 얼마나 눈부셔했던가.
나무젓가락으로 펄펄 살아 뛰는 너를 집어
초고추장에 휘휘 저어 먹으며 얼마나 찜찜해했던가.
먹고 먹히는 것이 산 것들의 숙명이라지만
감출 죄의식조차 없이 투명한 생(生)을
너무 사납게 씹고 또 씹었던 것은 아닌가.
먹을 것이 왜 하필 여리고 속없는 것이어야 했던가.
속없으니 뒤탈 없을 거란 생각을 했던가.
아작아작 투명한 것을 씹어
불투명한 세상을 비웃어주고 싶었던가.
물의 길을 따라가다 재수 없게 걸려온 생(生)이
미로의 창자 속으로 들어가 무엇이 되었던가.
비계와 똥이 되었던가.
미로 속 미궁을 깨부수는
통쾌한 유머 같은 것이 되었던가.
속 다르고 겉 다르지 않은 투명인간이 되었던가.
혹 배탈 같은 뒤탈은 없었던가.
가을 하늘처럼

속없이 눈부셨던 널 떠올리면 묻고 싶은 게 많지만
자꾸 물어서 뭘 또 건지려 하겠는가.

종소리
——마근(馬根) 스님

내설악 솔바람소리와 함께
선물이라며 스님이 들려 보낸
큰 사발만한 청동 종,
스님들 공양 받을 때 울리던 종이란다
오늘 아침 처음으로
거실 구석에 매달아놓은 종을 치자
식구들이 식탁 앞으로 다 모였다
숟가락으로 밥을 뜨자 종소리가 들린다
젓가락으로 반찬을 집자 종소리가 들린다
밥 먹느라 아무도 말이 없고
종소리만 들린다
촐랑대는 뜰의 강아지도 밥 먹느라 조용하다
햇살을 공양 받느라 시끄럽던 새들도 조용하고
종소리만 들린다
밥 먹는 일은 거룩하다고

밥

밥 냄새는 구수하다.
뜸드는 밥솥 곁에서 평생을 사신 어머니,
밥 냄새는 구수하다.
어머니의 눈물에
어머니의 살을 썩썩 베어 안치고
밥을 지으시던,
이제는 늙고 손이 떨려
밥 짓는 시늉만 하시는,
밥이 되신 어머니는 구수하다.
참 사랑은
먹는 자가 먹히는 자가 되는 거여
밥이 되는 거여, 라고
아직 밥이 되지 못하고
낱낱의 쌀알로 맴도는 아들에게
밥 되기를 가르치시는
나의 어머니, 나의 예수여!

예수

바닥의 바닥까지 낮아지신 그분의 사랑을
너는 찬양한다. 그분의 이름을 껑충 딛고 올라선
너의 노래는
오늘도 하늘을 찌를 듯 요란하구나.

그러지 마라.
그분의 밝은 눈이 너의 위선(僞善)을
모를 리 없다. 다물 줄 모르는 너의 입술을 치료하기 위해
저 바닥의 바닥에 떨어진 피묻은 씨앗 하나
너도 모르게 자라나고 있으니……

*

높고 크신 님의 보좌 우편에 좌정해
계시다고 한다. 그런 말로
그분을 침묵의 무덤 속에 가두어놓고
방심(放心)하지 말라.

울타리 밖의 도둑이 그대가 감춘 보물을

호시탐탐 엿보듯이, 그분은
그대 안에 값진 보물이 있음을
눈치 채길 바라신다.

누가 그분의 시퍼런 눈길을 피할 수 있으랴!

*

나는 소금인 적이 없다.
그대 입으로 들어가는 밥이나 국에 간맞추기를 원하면
그대 집의 소금항아리를 열라.

나는 빛인 적이 없다.
해의 기생식물 해바라기처럼 나에게 기대어
그대 안의 어둠을 몰아내려 하지 말라.

세상이 오해하듯, 나는
세상의 중심(中心)인 적이 없다.
자꾸 날 맴돌며 그대의 중심이 되어달라고
떼쓰지 말라.

간혹, 태풍의 중심인 적은 있다.
회오리바람과 해일을 일으켜
그대 삶의 기둥뿌리를 뽑고 지붕을 날렸던가.

그러니,
오해의 비늘을 털어내고 똑똑히 나를 보라. 나는
그대의 값싼 연정(戀情)을 짓밟는 파괴자!

*

눈에 넣어도 아프지 않을 정도로
사랑한다는 당신의 고백은,
당신이 나에게 먹히고 싶다는 고백이다. 과연
당신은 나의 밥이 되었다

별미(別味)는 아니지만
당신을 포식하고 나서 나는 떨 듯이
기뻤다. 먹은 것이 소화되어
하늘빛 날개를 달아주었으니까.

그렇다,
당신이 날 사랑한다는 것은
나를 풀어놓아 준다는 뜻이다 애시당초
내 안에 없는 족쇄를 풀어주기 위해
당신은 죽었다.

이제 일어나서 가자, 내 안의 나여.

질경이

밟히고 밟힌 질경이
또 고개 빳빳이 쳐들고 일어나듯
그렇게 밟지 말고,

다시는 살아나지 못하게
그대의 두 발로 꽉꽉 밟아주오.

죽어서,
그대 사랑의 옷깃 속으로 퍼렇게
스며들도록!

제(祭)

　사랑의 증식을 멈춘 미소 띤 거미줄,
　하늘을 향해 눈감고 누워 있는 마더 테레사 수녀의 얼굴에 입맞추며
　추모하기 위해 늘어선 저 긴 행렬이
　제 어미 몸뚱어릴 뜯어먹기 위해 몰려드는
　어여쁜 염랑거미 새끼들만 같다

　어, 어무이여!

누렁이

어스름이 깔리는 저물녘,
누렁이는 제 집 앞의 마른 땅바닥을
주둥이와 앞발로
공들여 파고 있었다.
뭐 하러 저리도 열심히 땅을 팔까, 궁금해
멀찌감치서 가만히 지켜보니
길쭉한 제 주둥이가 파묻힐 만큼 땅을 판 뒤
낮에 던져준 쇠뼈다귀를,
먹다가 남은 뼈다귀 몇 조각을 땅속에 밀어 넣고
곁의 흙을 다시 긁어 덮고 있었다.
아마도 내일쯤 배가 고프면
소복한 봉분을 헐고
거기 저장해 둔 뼈다귀를 꺼내 먹겠지.
전에도 그러는 걸 본 적이 있었다.
그래, 네 놈은
배가 불러도 배 터지는 줄 모르고
아귀아귀 먹어대는 인간들보다 낫구나.
성스러움의 성(聖) 자도 모르는 놈이지만
인간이 먹다 버린 뼈다귀조차
저렇게 성화(聖化)하고 있구나!
허허, 그 놈!

자유에 대하여

 진돗개 한 쌍이 한판 붙어 잘 놀았다고 한다 그렇게 어울려 노는 데 십만 원쯤이 들었다고 한다 점잖은 체면에 교미라는 말은 너무 원색적이라 개 혼례를 치르고 왔다고 실실 웃으며 말하는 친구는, 이십 년쯤 개를 사육해 온 개 사돈이 다붓다붓 들려준 말이라며 이죽거렸다 개는 밥 주는 사람과 목줄 끌러주는 사람을 좋아하는데, 그중에서도 목줄 끌러주는 사람을 더 좋아한다고, 그러니 개도 자유를 더 가치 있게 여기는 것이 아니겠냐고! 설마 그렇겠냐, 그렇겠냐고 고개를 설레설레 흔들다, 그래, 그럴 수도 있겠다고 고개를 주억거렸다 그리고 손을 들어올려 내 목덜미를 쓸어 보았다 내 목덜미엔 아무것도 만져지지 않았으나, 내 몸 안에서는 무슨 쩔렁대는 사슬 소리도 들리지 않았으나

하늘빛 고요
피정 일기

저는 죽었습니다. 이제
당신 안에서
새로운 신뢰를 얻길 원합니다.
낡은 시간의 옷을 벗기고 당신이
갈아 입혀준 새 옷이, 영원한 현재이길 원합니다.
해일이 휘몰아치는 당신의
바다, 거센 의혹의 물살 견디면서
제 영혼의 진주를 키우렵니다.
고통은 저의 다정한 벗,
반지를 끼듯 삶의 고통과 팔짱 끼고
당신과 함께 이 길을 가렵니다.
소지(燒紙)가 타오르듯
사랑은 불타 올라야 하는 법. 이미
죽은 저를 위해
비석 따윌 세우지 말게 해주십시오.
심해의 물고기처럼 저는 당신에게
눈멀렵니다.
눈멀어 전혀 다른 세상을 보겠습니다.

강진만(灣), 오늘

저 바다에 떠 있는 하늘빛 고요는 바로 접니다.
당신의 크신 은총에 감사할 밖에요!

석류
피정 일기

새소리에 잠이 깨어
어슴새벽 뜰로 나가니
석류 열매들이 떨어져 사방에 나뒹군다.
쪼개져 붉은 잇몸과 하얀 치아를 드러낸
석류.
벌어진 입에서 무슨 말인가 뱉을 듯도 싶지만
수도원의 고요를 깨뜨리지는 않는다.
심술궂게 입을 쩍, 벌려보지만
완강한 침묵을 깨뜨릴 순 없다.
손가락으로 씨앗을 파내
입에 넣고 오물거리면
달콤하다.
명상의 씨앗도 이처럼 달콤할까.
묵언중이신 수녀님들께 물을 수도 없고
입 안에 있는 씨앗만 오물거린다.
달콤하다.

장군죽비

 언제부턴가 나는 내가 마주치는 물(物)들과 이야기를 나누는 희한한 버릇이 생기게 되었는데, 얼마 전엔 동해 바닷가에 산책을 나아가 오래된 무덤 잔디밭에 누워 한가로운 여치의 울음소릴 듣다가, 그 소리 하도 애잔하여 벌떡 일어나 〈三陟金氏之墓〉라 씌어진 비석과 이야기를 나누다가, 무덤 속 생면부지의 그이가 들려주는 저승의 이야기도 경청하다가, 인적이라곤 없는 해수욕장이 내려다보이는 둑길을 따라 천천히 걷고 있었는데, 문득 둑길 위에 빛 바랜 표어 하나가 확! 눈에 띄었다

  어제까지 속은 인생
  오늘부터 밝은 인생

 간첩들 보라고 페인트로 써서 세워놓은, 빛 바랜 그 표어가 장군죽비처럼 내 머리를 후려치는 것이었는데, 아직도 그때 맞은 자리가 얼얼한데, 여태 속아 살아온 내 인생을 깨워준 퍼런 멍이 다 풀리면 하느님께 자수할 셈인데

새벽 여섯시에 켜는 촛불 1

무슨 바램이 없으니 따로 기도할 일이 없다.
그렇다, 새벽 여섯시에 켜는 촛불은
내 살아 있음의 황홀을 자축(自祝)하는 의식일 뿐.

오늘, 내 들숨날숨이 고른 것은
당신의 사랑에 닿아 있기 때문이다.
뭐라 형언할 수 없지만, 성에꽃 활짝 핀
내 방의 창유리엔 당신의 뜨거운 입김이 서려 있음을
난 의심하지 않는다.

유리창에 서린 저 기기묘묘한 형상처럼
진흙의 시간을 주물럭거려 무슨 용기(容器)를 빚게 될지
모르겠다. 무엇을 빚게 되든
당신의 사랑을 숨쉬는
환한 지성을 갖춘 물상이면 좋겠다.

먼동은, 어김없이 동터 오른다.
따순 햇살에 성에꽃 흐물흐물 녹아 내리면 창문으로,
오늘도 긴 꽁지머리 색동옷고름 휘날리며

그네 뛰는
삶과 죽음의 유희를 보게 되리.

딱히, 오래 살려고 바둥거릴 일 없겠다!

새벽 여섯시에 켜는 촛불 2
―― 소석(素石)에게

새해 벽두 그대가 보낸 흰 카드엔
〈정관(靜觀)〉이란 화두가 씌어 있었지.
달력과 시간의 횡포를 이기고
고요의 아들이 되라고?
앙드레 가뇽의 피아노곡을 틀어놓고
초에 불을 켜는 새벽 여섯시,
지난 가을 백련사 동백숲에서 내 발꿈치를
스치고 지나간 꽃뱀처럼
동안거(冬安居)에라도 들고 싶지만
겨우 촛불명상에 몸을 맡겨보는
새벽 여섯시.
하지만 앞집 팔순의 치매노인
밤새 똥이라도 싸서 벽에 도배 해놓았는지
며느리의 구박하는 소리 어김없이 건너와
내 들숨날숨을 일순 흩뜨려 놓았지.
뒷집
앙상한 대추나무 가지에 열린
참새 떼의 지저귐마저 보태진
세상 소음이 오늘은 그다지 싫지 않았어.
소음이 없으면

고요의 아들의 탄생도 없을 테니까.

후— 입김을 불어 촛불을 껐어.

뻐꾸기의 지문

이사온 날 밤, 빗소리를 듣는다.
야산에서 캐어온 화분의 청죽(靑竹)도 잎새를 뒤척이며
비에 젖는다.
비에 젖어도 푸른 잎새엔,
비의 지문이 남지 않을 것이다.
중년이,
중년의 이사가 무거운 건
이삿짐에 포개온 타인의 지문 때문일까.
오래 덮던 이불을 덮어도
잠자리가 설어 잠이 오지 않는다.
어디서 밤뻐꾸기 소리가 들린다.
뻐꾹, 뻐, 뻐꾹⋯⋯
곁에서 뒤척이던 아내가 일러준다.
앞집 시계뻐꾸기예요.
딱, 열두 번을 울잖아요.
(열세 번은 아니고?)
고통과 불면의 시간 바깥으로 나가고 싶어했던
중년의 이사,
밤새 뒤척이던 내 허망한 꿈자리 위로
문득 새벽을 알리는
뻐꾸기의 지문이 찍힌다. 이런!

그런 품

펼쳐 읽지 않고 품에 안고만 있어도 좋은 책이 있다 한다.

그런 품을 지닌 이가
지금은 바다를 안고 있다.

고진하
1953년 강원 영월 출생.
감리교신학대학 및 동대학원 졸업.
1987년 《세계의 문학》으로 데뷔.
1997년 〈김달진 문학상〉 수상.
현재 성암교회 목사.
시집 『지금 남은 자들의 골짜기엔』, 『프란체스코의 새들』, 『우주배꼽』.
역서 『현대문학과 종교』, 『신의 죽음과 현대문학』.

얼음수도원

1판 1쇄 찍음 2001년 4월 3일
1판 3쇄 펴냄 2007년 7월 16일

지은이 고진하
편집인 장은수
발행인 박근섭
펴낸곳 (주) 민음사

출판등록 1966. 5. 19. 제 16-490호
서울시 강남구 신사동 506번지 강남출판문화센터 5층 (우)135-887
대표전화 515-2000 / 팩시밀리 515-2007
www.minumsa.com

값 7,000원

ⓒ 고진하, 2001. Printed in Seoul, Korea.
ISBN 978-89-374-0693-5 03810